青史流光：跨越时空的那些人

韩信传

编著：宫浩奇

绘者：小马车图书

中国戏剧出版社
CHINA THEATRE PRESS

图书在版编目（CIP）数据

韩信传 / 宫浩奇编著；小马车图书绘． — 北京：
中国戏剧出版社，2023.1
（青史流光：跨越时空的那些人）
ISBN 978-7-104-05284-5

Ⅰ．①韩… Ⅱ．①宫… ②小… Ⅲ．①韩信（?- 前 196）—传记 Ⅳ．① K825.2

中国版本图书馆 CIP 数据核字（2022）第 177547 号

韩信传

责任编辑： 肖 楠
项目统筹： 康祎宁
责任印制： 冯志强

出版发行	中国戏剧出版社	印　刷	保定市铭泰达印刷有限公司
出 版 人：樊国宾		开　本：710mm×1000mm 1/16
社　址：北京市西城区天宁寺前街 2 号国家音乐产业基地 L 座		印　张：78
邮　编：100055		字　数：280 千
网　址：www.theatrebook.cn		版　次：2023 年 1 月 北京第 1 版第 1 次印刷
电　话：010-63381560（发行部） 010-63385980（总编室）		书　号：ISBN 978-7-104-05284-5
传　真：010-63381560		定　价：298.00 元（全 10 册）

读者服务：010-63381560
邮购地址：北京市西城区天宁寺前街 2 号国家音乐产业基地 L 座

版权专有，违者必究；如有质量问题，请与出版社联系调换。

定风波·韩信

漂母清淮遗粥縻,屠夫闹市辱尘泥。刘项缘难施青眼,谁辨?月明匹马挽戎机。

旧道暗出汉帜浪,俯仰,太行背水戏顽敌。垓下霸王歌未冷,如梦,车前空作良弓急。

姓　　名	**韩信**
所处时代	秦朝至西汉初年
主要事迹	漂母接济；胯下受辱；登坛拜将；暗度陈仓；背水一战；十面埋伏；四面楚歌；伪游云梦；被贬淮阴；身死吕后
关联名人	刘邦、项羽、萧何、张良、樊哙、吕后、李左车、蒯通
文化标识	一饭千金；国士无双；妇人之仁；匹夫之勇；解衣推食；明修栈道，暗渡陈仓

历史背景

公元前207年,在位仅仅46天的末代秦王子婴穿着白色的丧服,绑着自己,带着玉玺、兵符等物向反秦义军首领刘邦投降,曾经雄踞东方的大秦帝国灰飞烟灭。但这片古老的土地并没有立刻恢复和平。参与反秦起义的义军支数众多,诸侯们各个桀骜不驯,谁都不愿意放弃在战争中取得的权力,甚至都试图吞并别人。而这其中,势力最大的就是西楚霸王项羽。他不仅实力强横、战功卓著,而且也是名义上的各路义军统帅,其他诸侯都是由他亲口分封。其次是汉王刘邦,他率先攻入了秦都咸阳,亲手覆灭了秦朝,而且仁义之名远播,深得民心。其他诸侯王或者偏向项羽,或者偏向刘邦,不一而足。到底谁有资格问鼎天下呢?于是,历史又进入了持续四年之久的楚汉相争。经过反复拉锯,最终汉王刘邦胜出,建立了持续四百余年的大汉帝国。在楚汉相争期间,既有波谲(jué)云诡的政治争斗,又有荡气回肠的军事行动,人才辈出,群星闪耀。而说到军事方面,最为杰出的天才就是"汉初三杰"之一的韩信。他不仅是汉朝得以建立的头号功臣,被后人誉为

"兵仙",是古代最为杰出的军事家之一,而且其人生充满传奇和悲剧色彩,后世许多精彩故事常以此为脚本加以演绎,毫不夸张地说,韩信是最为知名的历史人物之一。

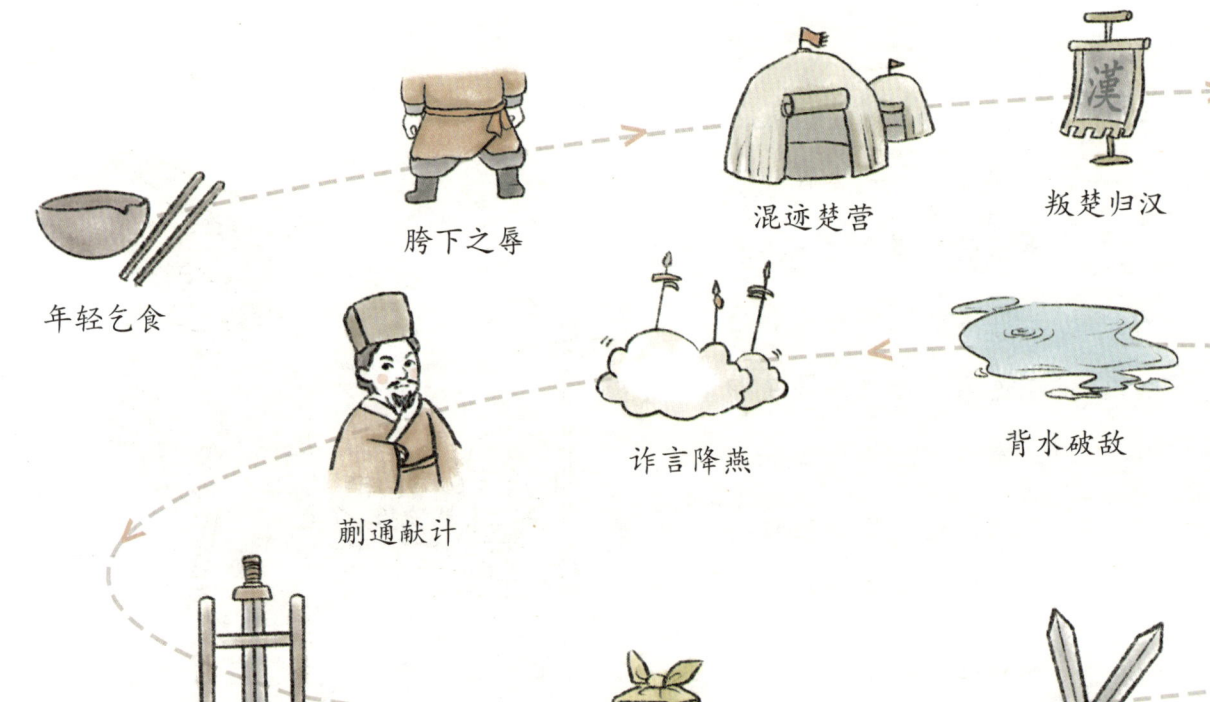

故事线索

年轻乞食 · 胯下之辱 · 混迹楚营 · 叛楚归汉 · 背水破敌 · 诈言降燕 · 蒯通献计 · 半渡而击 · 邀功封齐 · 婉拒蒯通

胯下辱 · 淮阴侯
kuaxiaru Huaiyinhou

自荐夏侯

萧何力荐

登坛拜将

暗度陈仓

木罂渡军

评刘论项

十面埋伏

还报恩仇

云梦被贬

身死吕后

年轻乞食

中国历史名将、西汉开国功臣韩信出生于秦朝淮阴县（今江苏省淮安市）。年轻的时候，他只是一个平民，并无特殊才能，也谈不上有多好的德行，文不成，武不就，经商赔本，为吏不能，一度落魄至需要到别人家蹭吃蹭喝才能过活。这样的人自然人憎鬼厌。他曾常去南昌亭长家讨吃喝，而且总是掐着饭点来，亭长倒没说什么，但亭长的老婆很生气，觉得无缘无故养这么个废物，实在不甘心。因此在某天提前把饭就吃完了，等韩信再来的时候，灶上空空。他立刻就明白了亭长老婆的意思，于是愤愤然地离开了，发誓再不来亭长家吃饭。这简直就是"升米恩，斗米仇"的经典例证，亭长之前的好心算是白费了。

青史流光：跨越时空的那些人

漂母接济

韩信说说气话可以,但肚饿这种病还必须医治。一次他在河水边钓鱼,鱼儿也嫌弃他,迟迟不肯上钩。正好旁边有个老婆婆在洗衣服,看他饿得都快一头栽水里了,就拿出来一些饭给他吃。这才使得他恢复了点元气。也不知道老婆婆的衣服实在太多洗不完,还是有意帮助他,反正一连十多天,韩信总能在固定的时间固定的地点得到固定的人给予的固定的饭食,这简直就是天赐神赠呀。韩信为能找到长期饭票而欣喜若狂,忍不住对老婆婆唱起了赞美诗:"感谢您啊,我以后一定会报答您的。"按一般剧本,老婆婆会摆摆手,慈祥地说:"不客气!多吃点。"可是这个老婆婆却一反常态。

胯下受辱

　　她愤怒地对韩信吼道："大丈夫不能安身立命，还得靠我一个老婆子过活，你好意思吗？我不过是对你表达一下我的同情心，还指望你报答吗？"韩信真是被从里到外鄙视到骨子里。又一次，他走到街上，遇到几个小混混，为首的一个少年屠户轻蔑地对他说："你这小子，空有一副高大的身材，平常也人模狗样地带把宝剑，但其实你就是个胆小鬼。不信，你要么就刺我一剑，要么就从我胯下钻过去。"韩信认真地打量了他一会儿，众人都以为要有一场惊心动魄的动作戏时，他却弯下了腰，在众目睽睽之下乖乖地从屠户的胯下钻了过去。众人发出了震天的哄笑，大家着实想不到韩信居然是这么个窝囊废。

胯下辱·淮阴侯

混迹楚营

如果历史一直波澜不惊，也许韩信就只能顶着"废物"的头衔在淮阴县里慢慢终老。但就在他乞讨度日之时，历史给了他机遇。彼时秦末反秦起义大爆发，韩信仗剑走天涯，决定投身到这场轰轰烈烈的事业中去。他首先投靠了复楚的项梁，只是小兵一个。但不久后项梁败亡，他只好又跟着项梁的侄子项羽混。项羽好歹给他升了点职，变成了郎中，负责掌管门户、车骑，其实就是看门的或者司机。这个职位离项羽比较近，所以他就经常给项羽献计献策。可世家出身的项羽哪里看得上他这寂寂无名之人，对他的建议一律左耳朵进右耳朵出，从不采纳。在给项氏叔侄打工的这几年，他就仿佛路人甲一样黯淡无光。

叛楚归汉

在项羽军营中蹉跎了一段时间之后,他决定换个老板,这次他相中了另一路义军首领——刘邦。可在这里依旧不能出人头地,只被任命为连敖这种低级官职,而且比在项羽那里还倒霉,沦落到因别人犯罪而他却要被连坐处斩的绝境。这真是屋漏偏逢连阴雨。看着鬼头刀将前面连坐的十三人一个个斩下首级,韩信彻底绝望了。正在此时,刘邦手下的大将夏侯婴正好路过刑场,韩信不顾一切地大声喊道:"主公不是想得天下吗?为什么要杀我这样的壮士啊!"夏侯婴听到这声喊叫,甚为惊异,觉得这么有求生欲望的人很是少见。于是他阻止了刽子手继续行刑,随口把韩信叫了过来,想要探查一下他的根底。

胯下辱·淮阴侯

青史流光：跨越时空的那些人

自荐夏侯

一聊天，夏侯婴大吃一惊，**本以为最多是个青铜，做梦都没想到这家伙似乎是个钻石。**夏侯婴顾不上吃饭，急匆匆地跑去见刘邦手下的二把手萧何，道："快，快，我推荐个人给你，千万不能放他跑了。"萧何从来没见过夏侯婴这种样子，很是觉得不可思议，究竟什么样的人能够让夏侯婴如此失态呢？他也赶紧跑去找韩信聊天。萧何可不是一勇之夫，他是个非常细致聪明的人，绝不会被人的表象所迷惑。他疑惑满满地一去聊，顿时不淡定了：**这哪是钻石呀，分明是个王者。**他兴奋得跑去向刘邦这个大老板汇报："我们这支缺乏大脑的僵尸队伍，捡到宝了呀。"刘邦很是豪气，大手一挥："有这种事，那赶紧安排个好官职！"

弃戟逃跑

那么刘邦给韩信安排了个什么官职呢?安排的是治粟都尉,比当年的司机好一些,但其实就是个管粮草的小官。说白了,刘邦根本不相信有什么王者钻石,只是为了不驳萧何面子才赏赐的官职。此时刘邦正被项羽排挤,被迫去川蜀一地当汉王。一路上,很多将领都不看好这支队伍未来的前景,所以纷纷逃亡。韩信一看自己也不受重视,就把长戟一扔,独自逃走了。夜间,萧何心血来潮,问起韩信,从人回报说韩信偷跑了。萧何大惊,来不及跟任何人说,跳上马就直奔韩信逃走的方向而去。有人赶紧报告了刘邦:"不好啦,萧何跑了!"刘邦气得一蹦三尺高,在大帐里急得如热锅上的蚂蚁一样,萧何可是他的左膀右臂呀!

青史流光：跨越时空的那些人

月下追韩

再说萧何在朦胧的月色下**策马奔驰**,心里焦急如火。这要让韩信跑到别的地方去,汉王争天下的美梦必定如镜花水月啊。追了整整一夜后,萧何才在晨曦中看到在前方慢慢悠悠地踱着步走的韩信。他高声叫住了韩信,气都顾不上喘匀,就跳下马来,一把拉住韩信的衣袖,说什么都不撒手,一再恳求他跟自己回去。韩信被萧何弄得哭笑不得,只好解释说是因为汉王不重用自己,所以想去其他地方碰碰运气。萧何拍着胸脯保证一回去就让汉王封他大官。韩信感受到萧何的浓浓热情,**却之不恭**,只好跟着回来了。这一来一回就耽误了两天时间,等回来时,萧何也顾不上休息,直接就跑到了刘邦的大帐。

刘邦质疑

　　等萧何进了大帐，大吃一惊，短短两天的时间，原先生龙活虎的刘邦变得两眼无神，满脸憔悴，嘴上都是大疱。一见萧何，刘邦"嗖"地跳了过来，张嘴就骂，唾沫星子都喷了萧何一脸，责怪他抛弃自己而去。萧何赶紧解释，说不是自己要逃跑，是去追逃跑的人。刘邦这才消了气，问他追谁，萧何说是韩信。刘邦又气不打一处来："跑了那么多人你都不追，区区一个看粮草的，你追他干吗？"萧何认真解释道："其他将领都是很容易招揽到的人，而韩信此人，国士无双。如果您只想当个汉王，那也就算了，如果想争天下，缺了韩信绝对不行。"刘邦看萧何一脸郑重，这才真正重视起这件事来。

萧何力荐

他对萧何道:"既然你这么看重他,那我就封他做将军吧!""将军?"萧何连连摇头,摆手道:"不可,不可!"刘邦满脸疑惑地看着他:"不做将军,那做什么呢?"萧何道:"非统帅三军的大将不可。"刘邦倒吸口凉气,他看出来萧何不是在开玩笑,沉吟片刻,他唤人进来,打算把韩信招来任命为大将。萧何却又止住了他:"主公,不可如此。您一向对人傲慢无礼,而韩信也是个内心骄傲的人,您这么像叫小孩儿一般地呼唤他,太过儿戏,他一定会转身就走。既然要任命他为大将,就必须郑重其事。我想了一下,您应该让人造一座高坛,当着三军将士的面,亲口任命韩信为大将,并赐予兵符令箭方可。"

登坛拜将

刘邦从善如流，吩咐从人去操办一应事物，并在大营里广为宣传，说自己三日后要登坛拜将。其他将领听说后，心里都暗自欢喜，觉得自己未来可能就是统帅三军的大将了。等到三日后，高坛已经筑好，刘邦在萧何的陪同下，大声宣布请韩信上坛。众人大吃一惊，这才知道居然是让韩信为大将。只见刘邦恭恭敬敬地对韩信施礼，当众宣告韩信就是未来的汉军大将，一应军事，皆由韩信发号施令。说罢，亲手捧过象征权力的兵符令箭交给了韩信。韩信心潮澎湃，他着实没有想到刘邦能如此看重他，一直以来郁郁不得志的愤懑得到了极大的宣泄，忍不住生出了士为知己者死的感慨。

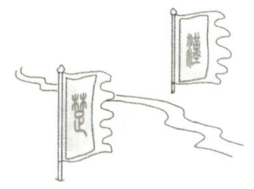

刘邦问计

登坛拜将奠定了韩信在汉军中的权威。刘邦**用人不疑，疑人不用**。仪式结束后，就迫不及待地向韩信问计，看看下一步该怎么办。韩信笑了笑，问道："我们争天下显而易见只有一个敌人，那就是项羽。大王觉得就兵士的英勇、部队的强悍和个人的勇武，您和他谁更胜一筹呢？"刘邦沉默半晌，沮丧地说道："当然是项羽了。"韩信点头道："对，不光您这么认为，我也这么认为，甚至天下人都这么认为。但我们是不是就完全没有胜算呢？我曾经在项羽手下待过，我可以为您分析分析项羽的问题。项羽这个人勇冠三军，确实没有人是他的对手，但这只是**匹夫之勇、个人之勇，难成大器啊**。"

论项优劣

韩信顿了顿,接着说道:"项羽表面看起来待人温和,恭敬慈爱,很有同情心,甚至愿意把自己吃的食物分给别人。但如果将士们立功,他却又迟迟不愿赏赐。施小惠而非大利,这种妇人之仁,又哪里会有人心甘情愿地跟从呢?"韩信站起来,来回踱步道:"我们再来看看大势,项羽虽然把我们赶到了川蜀,但他自己也不肯留在关中,非要回老家彭城去,说明他目光短浅,没有争天下的魄力。而且他分封赏赐诸侯时极不公平,亲近的人就多分,有恨的人就少分。不出预料,很快就会有诸侯造反。再说他残忍好杀,杀子婴、毁阿房,动不动就坑杀降军,这怎会不令天下人反感呢?再说他任命的三个镇守关中的王……"

胯下辱·淮阴侯·韩信

青史流光：跨越时空的那些人

赞颂刘邦

"章邯等三人本是秦将,却背叛亲人投靠了项羽,而且导致他们手下二十万将士被项羽杀害,只有他们三人得以苟活。秦人恨不得把他们扒皮拆骨,只是因为害怕项羽才敢怒而不敢言。这样的人又怎么能够坐稳王位?反观主公您,进入咸阳后,秋毫无犯,约法三章,秦人感恩戴德,多少人为您不能当秦王而痛哭流涕。只要您攻打关中,他们一定会箪(dān)食壶浆来迎接于您。所以,暂时的挫折并不可怕,未来关中必为您所有,天下也为您所有。"刘邦听闻此言,仿佛六月天一瓢冰水服下,一直舒爽到毛孔深处。他起身再次向韩信深深施礼:"听将军一席话,真是茅塞顿开呀。来日就请将军全面发号施令。"

暗度陈仓

有了韩信的主持,汉军顿时由恶狼变成了猛虎。不久后,韩信趁项羽回乡之机,命人修建入川时烧毁的栈道,假装要从栈道出川,实际暗暗派兵从陈仓旧道出击。章邯等三王被假象迷惑,不及防备,结果被一举攻破,章邯自刎而亡,另两王投降。项羽闻讯大怒,但此时齐地有田荣在叛乱,项羽忙于镇压,实在分身无暇。刘邦的谋士张良也写信给项羽,诈言汉军得到关中就心满意足,绝不会东出函谷关。项羽正好就坡下驴,暂时不再视汉军为主要敌人,而专心致志攻略齐地叛军。但已经露出獠牙的汉军怎肯善罢甘休,趁项羽深陷齐地泥潭之时,韩信、刘邦兵分两路,韩信在北线,刘邦在南线,一起进攻,各路诸侯纷纷叛项归汉。

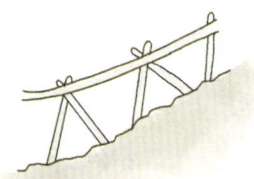

青史流光：跨越时空的那些人

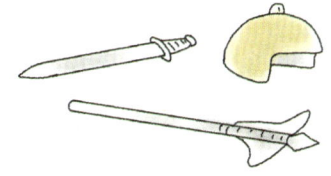

韩信出征

没有韩信同行的刘邦一路倒也势如破竹，居然很快攻陷了项羽的老巢彭城。相比之下，韩信显得战绩平平。但很快项羽紧急回援，彭城一战，以区区三万人马破刘邦及各诸侯联军五六十万大军。刘邦大败亏输，逃到荥阳才得以喘息，韩信与刘邦会于此地。而那些墙头草一样的诸侯们见势不妙，纷纷又背汉归楚。关中三王中除章邯外已经归汉的另外两王——司马欣、董翳(yì)叛变，齐王田广、赵王歇叛变，魏王豹叛变，一时间汉军内部烽烟四起，局势急转直下。要跟项羽专心对峙，就必须要先震慑、消灭这些叛乱的诸侯，否则军心必然不稳。于是，刘邦任命韩信为左丞相，领兵出征，全力攻略北线，首先拿魏国开刀。

木罂渡军

魏国陈兵于蒲坂，封锁了黄河渡口临晋。韩信没有强攻，而是命人在魏国对岸大张旗鼓地准备船只，人来人往，做出要从此渡河的姿态，吸引魏兵注意力。**实则暗暗从夏阳木罂**（yīng）**渡军，即借助木盆、木桶等将军队悄悄送过河去，偷袭兵力空虚的魏国都城安邑。结果一战成功，顺利俘虏魏王豹。**可怜魏王豹还没弄明白怎么回事，就成了阶下囚。由于魏国降而复叛，性质恶劣，所以魏国不再被保留，而是被汉王改成了河东郡。韩信没有停歇，接着又向刘邦提出了"举燕、赵，东击齐，南绝楚之粮道，西与大王会于荥阳"的大包围战略。刘邦欣然从之，给他增精兵三万，派张耳与他一起继续扩大北方阵线，北击代王陈馀，东击赵王歇。

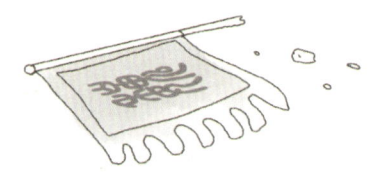

左车献计

赵王歇及其盟友代王陈馀(yú)听说韩信、张耳率兵前来,赶紧匆匆应战,召集了二十万兵马,陈兵井陉(xíng)口。井陉是东出太行山的要道,到处悬崖高耸,通路狭窄,不利于大军展开。陈馀手下的谋士广武君李左车提供了一条妙计,那就是借助井陉的险要地形,自己率兵从别的小道绕到汉军背后,袭击其粮草辎(zī)重,并截断其归路,而赵军主力部队则扼守井陉口,深沟高垒,避而不战。这样不用费吹灰之力就能让韩信的远来疲敝之卒崩溃。此计虽好,可主公陈馀却书呆子气发作,天真地认为正义之师绝不使用阴谋诡计,二十万人对三万人,而且还是以逸待劳,这么大的优势还用什么计谋?堂堂正正地对战就好,否则会被别人嘲笑的。

背水惑敌

　　李左车面对这样的猪队友只能无语问苍天。韩信听闻此事大喜，立刻定下了破敌之计。翌日一早，韩信命令一万大军出发，越过河流，背水列阵。赵军远远看见后，不由得大笑不止。因为背水列阵是兵法大忌，一旦战事不利，前有敌军后无退路，必然是全军覆灭的下场。在赵军的嘲讽声中，韩信命人摆出大将军的旗鼓，亲自上阵挑衅赵军。赵军倾巢出动，打算一鼓作气，活捉韩信。双方大战了好久，韩信佯装不敌，丢掉旗鼓，"狼狈"退到了背水而列的军阵当中。赵军眼见胜局已定，军纪大坏，一部分人争抢韩信丢弃的旗鼓，一部分人跑去追逐韩信、张耳，阵势混乱不堪。那么，韩信果真是软柿子么？

青史流光：跨越时空的那些人

背水破敌

当然不可能。就在赵军队伍不整、混乱不堪之时，韩信在阵中高声演讲，鼓舞汉军士气，号召大家绝地反击。汉军后退无路，遂拼死向前，直把赵军杀得连连后退。有道是"**狭路相逢勇者胜**"。赵军一看汉军士兵一个个发了疯一样往前冲锋，人人不由得心生惧意，争相败退，都想着赶紧逃回本阵。如此一来，赵军更是如同混乱的羊群。可当他们跑到大寨前的时候，却完全傻眼了。大寨里跟出战前一样旗帜林立，迎风飘扬，可那不是赵军的旗帜，而是汉军的赤色大旗。原来，韩信背水列阵前早就派了两千人偷偷绕到了赵军背后。等赵军出战之时，这两千人趁虚而入，一举夺得赵军大寨，拔旗易帜。

绝处逢生

赵军不知寨中虚实，眼见老巢已被攻陷，顿时大乱。士兵们如同无头苍蝇一般奔走逃遁，赵军将领拼命呼喊，甚至斩杀了数人，也依旧无法重整队列。汉军一战功成，彻底大败赵军。斩杀陈馀，活捉赵王歇。井陉之战，韩信以少胜多，名扬天下。旁人不解，问他为何明明违反了兵法，背水列阵却能大胜。韩信哈哈大笑，道："诸位不知道兵法上还有'陷之死地而后生，置之亡地而后存'的说法吗？众将士身处绝境，为保性命不得不死战。如果后方还有退路，面对强敌，大家只想逃遁，哪还有勇气死战呢？"众人都佩服不已。而在韩信看来，破赵不过是区区小事，更令他高兴的是，他得到一个重要的人才——李左车。

胯下辱·淮阴侯·韩信

指点迷津

　　韩信恭恭敬敬地向俘虏李左车请教下一步如何伐燕攻齐，李左车摇摇头道："我听闻'败军之将，不可以言勇，亡国之大夫，不可以图存'，我区区战俘，哪敢对这种大事说三道四。"韩信再三再四地请求他指点迷津，李左车推辞不得，只好手捻须髯说道："人常说'智者千虑，必有一失。愚者千虑，必有一得。'既然您这么要求，我也只好说说我的愚见。您现在虽然一战破赵，名满天下，但是不可否认的事实是现在士卒疲惫，难以连续作战。而如果此时去攻燕伐齐，恐怕会陷入苦战，实为不智。我建议最好就待在赵地，一方面整修部队，巩固胜利成果。另一方面，虚张声势，对燕、齐摆出进攻的姿态……"

诈言降燕

韩信若有所思地点点头，追问道："之后呢？"李左车笑道："将军知道我方军疲，不堪再战。可燕、齐两方，只要我军不进攻，他们又如何知道虚实呢？只要我们摆足了高压姿态，再派个舌辩之士去恐吓劝降一番，这两地相信能不战而下。"韩信大喜，依计而行。果然，燕国直接就举旗投降了。在韩信的推荐下，刘邦封张耳为赵王。项羽在荥阳与刘邦相持中，听闻盟友燕赵已经换了主人，大惊，只好分军北上攻赵。张耳、韩信往来驱敌，楚军不能取胜。但在南线和项羽对峙的刘邦就不行了，被楚军打得抱头鼠窜，连连败北，无奈之下偷偷和夏侯婴跑到了韩信的军营中。

抢夺兵权

此时韩信兵强马壮,刘邦却非常闹心,因为他摸不清韩信的心意,非常害怕韩信一看自己如此落魄,会乘机要挟甚至反叛。于是龚(yín)夜进营,在韩信、张耳还在睡梦中时,就抢先拿到了兵符、印信,并对诸将职务做出了调整。等韩信、张耳醒来时,才知道刘邦驾临。二人兵权被夺,倒也没有抱怨,对刘邦仍旧毕恭毕敬。刘邦对此非常满意,下令让张耳驻守赵地,拜韩信为相国,出兵攻齐。这其实有违李左车和韩信定下的兵不血刃说降齐国的战略,但老大要借机树立自己威信,发狠硬攻,韩信只能接令,带兵直扑齐国。只不过韩信越牛,刘邦的担忧就越重,他实在害怕自己控制不了战功越来越大的韩信。

郦生说齐

刘邦为韩信之事坐卧不安：为了平定齐国，就必须用韩信，但韩信此时已经威震天下，如果再夺得齐国，声名赫赫下，自己这汉王的位置还能保得住吗？刘邦手下的书生郦食其（yì jī）看出了老大的纠结，就主动站出来说，自己可以出使齐国，在韩信攻齐前说动齐王投降。刘邦喜不自胜，赶紧派郦食其出使齐国。果真，在郦食其的如簧巧舌下，齐王田广答应投降。韩信一听还没开打，齐王已经投降了，一口老血差点喷出，心中颇为郁闷。这本来不管是劝降，还是硬打，都会是自己的战功。郦食其这么一搞，煮熟的鸭子居然飞了。可没办法，齐国既已投降，自己当然没有再开战的必要，为今之计，也只能老老实实收兵回营了。

蒯（kuǎi）通献计

刘邦手下有为他抢果实的郦食其，韩信手下也有忠心为主的谋士，这人叫蒯通。蒯通看出了韩信的不甘，想了想，对韩信说道："将军为什么要撤兵呢？当初是汉王让您发兵攻齐，现在的情况是，郦食其虽然已经劝降了齐王，可汉王一没有通知您郦食其说齐之事，二没有下命令让您停止攻打齐国。这不就是个立功的好机会吗？"韩信醒悟过来，立刻假装不知道齐国已降之事，发兵攻齐。已经投降的齐王正在热情招待郦食其，一听韩信还在进攻，顿时觉得自己就是个傻瓜，被郦食其给涮了。一怒之下，将郦食其烹杀了。于是，本来可以不战而下的齐国，又不得不用战争手段来解决。但在打仗上，韩信怕谁呢？

半渡而击

汉军在韩信的指挥下,一路势如破竹,齐王毫无还手之力,连连败走,只好向项羽求救。项羽分身乏术,只能派出大将龙且（jū）出兵救齐。龙且是一勇之夫,勇力有余,战略不足。有人劝他坚壁清野,固守城池,不必与汉军死战,汉军劳师远征,时间一长,必然不战自退。龙且却不以为然,坚决要跟韩信决一死战。韩信命人偷偷把阵前一条河流——潍水的上游水流堵塞,然后派人渡过河水向龙且挑战,略一接触,就立马败逃。龙且哈哈大笑,认为汉军是弱鸡,遂带头紧追不舍。韩信眼瞅着龙且前锋已过河床,立刻招展红旗,上游的士兵看到信号,奋力掘开堵河的泥土,滔滔河水奔腾而下,刹那间切断了龙且的队伍。

青史流光：跨越时空的那些人

讨要王位

楚将龙且所率前军被汉军团团围困，终不得脱，龙且也被斩杀。汉军又渡河追袭，群龙无首下，救援齐国的楚军连同齐军被韩信一鼓全歼，齐地平定。一连灭掉四国的韩信得意忘形，他派人带了封信给刘邦，说齐国这里的人反复无常，而且离项羽的楚国比较近，我们虽然战胜了，但是局势很不稳定，所以最好能够有个王在这里镇守。您看是不是封我个假齐王，让我来做这件苦差事呢？刘邦此时正被项羽打得焦头烂额，一看这封信，不由得火冒三丈。我都马上要完蛋了，你不来救援就罢了，还一心琢磨着当王，真是欺人太甚。刘邦当场就想对使者发飙，骂道："老子这里山穷水尽了，韩信这小子居然还惦记着假齐王……"

邀功封齐

刘邦的谋士张良、陈平一看不好，要坏事儿，赶紧一人一边踩了刘邦的脚一下。刘邦立刻醒悟过来，这个时候还计较什么王位的事情，拉拢住韩信，让他继续跟楚军作战才是正理。于是，刘邦顺势改口道："这小子太没出息了，大丈夫建功立业，平定诸侯，威震天下，要做就做真齐王，做的哪门子假齐王。来人，拿齐王的印信来。"随后，刘邦派张良为使者，亲自去韩信军中宣布韩信为齐王，并请他派兵南下攻楚。韩信没想到刘邦如此大方，不仅没生他的气，还封了超出他预想的真齐王，感激涕零下，很快答应率兵南下与刘邦会合。而项羽听闻手下第一大将龙且被韩信战败，大为惶恐，这才知道小看了昔日的看门人。

胯下辱·淮阴侯
Kuaxiaru Huaiyinhou

青史流光：跨越时空的那些人

忠心汉王

项羽决定亡羊补牢,派人去游说韩信,想要说服他反汉联楚,最终齐、汉、楚三分天下。这确实是个非常诱人的提议,彼时楚汉两军相持不下,韩信偏向哪边哪边就可能获胜,而且韩信自己也可以借机称霸天下,不再仰人鼻息。面对如此诱惑,韩信却平静地回复到:"当初我在项王手下时,项王拿我不当回事,给我的职位非常卑微,而且言不听,计不从,所以我才离楚归汉。而汉王是怎么对我的呢?不仅对我推心置腹,拜我为大将军,放心地让我指挥千军万马,而且对我解衣推食、言听计从,这份信任我不能辜负,这份恩情我不能忘记。所以我至死不会叛汉,多谢项王美意,恕我难以从命。"

蒯通劝立

项羽闻听使者回报，只能怅然无语。而使者走后，韩信手下的蒯通也急匆匆跑来对韩信道："将军啊，现在楚汉纷争，局势非常明朗，如果您归汉，则汉胜，归楚，则楚胜。但现在他们双方都疲于奔命，只有您兵精粮足，地盘广大，正好是三足鼎立的时候，如果耽误了这个时机，以后可就没有这个机会了，所以现在最好叛汉自立。"韩信又把当初对楚使说的话说了一遍，核心意思还是刘邦对我有知遇之恩，所以不忍背叛刘邦。**蒯通急道："你以为你这么做，汉王就会念你的好吗？简直太天真了。**你看看张耳与陈馀，这两人原先是刎颈之交，可最后还不是反目成仇，为啥呢？因为人的欲望太多，而且人心难测呀！"

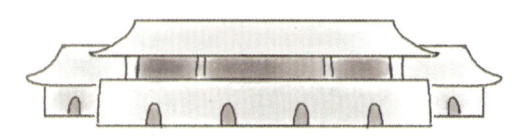

婉拒蒯通

蒯通继续道："再说当年吴越争霸时的文种，协助越国攻灭吴国，可最终却还是被勾践杀死。您说您讲义气，您和汉王间的友情能比得上张耳陈馀吗？您说您讲忠诚，您和文种相比又如何呢？而且更重要的是您现在已经功高震主，有道是：'勇略震主者身危，而功盖天下者不赏。'无论汉王、楚王都不可能容纳于您的，您现在危在旦夕啊！"韩信沉默半晌，颓然道："先生且让我考虑考虑。"又过了数日，蒯通催促韩信道："机不可失，时不再来，不能一直犹豫不决啊，这是取祸之道。"韩信犹豫良久，还是不忍背叛刘邦，而且他认为自己功勋卓著，汉王也一定不会辜负于他，遂不肯听从蒯通。

作壁上观

蒯通眼见韩信不听己劝,知道事不可为,长叹一声,拂袖佯狂而去。韩信虽然拒绝了蒯通的建议,但心中也确实有所疑忌,于是陈兵前线,并不积极进攻楚军。刘邦此时和项羽也无力再战,双方在鸿沟议和,各自领军回自己老巢,但刘邦在张良陈平的建议下,等项羽一走,就悍然撕毁协议,衔尾追击项羽。而韩信及另一路诸侯彭越却作壁上观,不肯参与攻击楚军。韩信、彭越的观望举动让刘邦怒火中烧,却又无可奈何,结果刘邦在追击过程中,被项羽一顿反杀,大败亏输。刘邦不由哀叹:"到底如何才能让韩信等人参战呀?"谋士张良献计,只要给韩信、彭越足够的封地,他们一定会立刻参战。刘邦为情势所迫,只好咬牙同意。

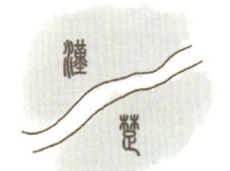

胯下辱·淮阴侯

青史流光：跨越时空的那些人

十面埋伏

韩信得到了刘邦给予广袤封地的许诺,大喜,立刻挥军南下。刘邦用人不疑,命令韩信全权指挥汉军围攻项羽。韩信的指挥水平确实高超,刘邦统领时总是一败涂地的同一支军队,此刻却仿佛成了**百战雄兵**、**东挡西杀**、**十面埋伏**,三下五除二就将曾经不可一世的西楚霸王围困于垓下,迫使其不得不自刎乌江。而就在项羽败亡、大事已定的时刻,刘邦却派人闯入总指挥韩信的大帐,以迅雷不及掩耳之势收回了韩信的统兵大权。韩信满脸错愕,没想到自己这么快就由三军统帅变成了任人宰割的没牙老虎。但时机已去,徒呼奈何。韩信只好和其他人一起对刘邦俯首帖耳,还得恭恭敬敬地上书请刘邦即皇帝位。

刘邦失信

在群臣三催四请下,刘邦终于得偿所愿,成为了大汉皇帝。韩信认为自己是皇帝平定天下的最大功臣,皇帝一定不会失信于他。可没想到,刚刚登基的刘邦就兜头给他泼了一盆冷水:既然韩信出身楚地,那就不要当齐王了,改封为楚王吧。至于之前承诺的齐国封地,自然也化为泡影。韩信无力反抗,这个政治上的"小白"只好满心憋屈地回到了老家。解去战袍,脱下征衣,韩信踱步在淮阴街头,看着仿如昨日的景象,神思不由得一阵恍惚。他来到了河边,命人召来当初给他饭食的漂母,给予千金以报当日之恩。走到南昌亭长家,只给予他百钱,因为对方虽然也曾帮助过他,但却因为其妻的缘故,不能善始善终。

还报恩仇

　　韩信坐在街头,命人找来了当初让他遭受胯下之辱的少年屠户。此人听闻楚王就是当初的韩信,吓得战战兢兢、体如筛糠。韩信却没有为难他,当众宣布他为楚国中尉,还对旁人说道:"他也是一名壮士呀。当初我受他胯下之辱,难道真是我胆怯,不能杀他吗?只不过杀了他,于扬名无益,所以才隐忍而已。"了结了当初未发迹前的恩怨情仇,韩信枯坐于王府中,百无聊赖,没有了金戈铁马、旌旗招展的刺激,人生仿佛也变得灰暗起来。而他不知道的是,一场针对他的阴谋很快接踵而来。事件源于一个叫钟离眛的人。此人曾是项羽手下的忠臣,刘邦深恨之,所以项羽败亡后,发出通缉令,到处捉拿他。

藏匿罪人

钟离眜与韩信的关系非常好,眼见天下之大自己却无容身之地,只好星夜来投奔韩信。韩信偷偷将其藏匿了起来。但这件事不知怎么走漏了消息,被刘邦知道了。于是刘邦命令韩信立刻逮捕钟离眜。韩信不忍,所以就一直拖着不办,刘邦对此深为不满。而且韩信在楚国巡察各地时,动不动就调动军队,铺陈仪仗,有人就此向刘邦进谗言,说韩信想要谋反。两件事加起来,本就对韩信颇为猜忌的刘邦下决心要除掉这个心头之患。可韩信远在楚国,贸然下令捉拿韩信,万一韩信奋起反抗,恐怕无人能制。狡猾的谋士陈平给刘邦出主意,让他假装游览楚地的云梦泽,然后让韩信来参拜,就可借机拿下。

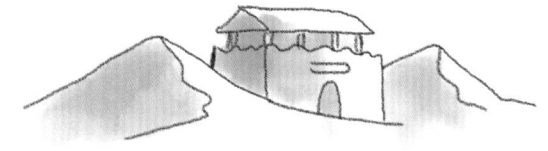

卖友自保

　　刘邦欣然从之,下诏自己将出巡楚地,狩猎于云梦泽,让诸侯们到云梦泽附近的陈地来参拜。韩信完全不知道这个阴谋,但心中却忐忑不安,一会儿想自己藏了钟离眜,会不会因此遭到刘邦的清算,一会儿又觉得自己功劳如此之大,刘邦不至于跟自己过不去。正在犹豫不决时,有人跑去对韩信出主意:"既然大王您如此不安,还不如把钟离眜献出去,皇帝见到后必然欣喜,那样也就不会为难您了。"韩信觉得这是个好办法,但又碍于友情,不想背负出卖朋友的恶名。于是,就将钟离眜请来,期期艾艾地将自己的为难之处道明。钟离眜耐心地听完他的陈述,缓缓地站起身来,冷冷看向韩信。

云梦被贬

"我知道楚王您的意思了，不过就是想把我交出去又不愿背负骂名罢了。其实，我不在意。不过你可知道一件事情？正因为我在这里，所以刘邦才不会对你动手，但一旦我被交出去了，我的今天就是你的明天。"钟离眜悲愤地朝着韩信叫道："韩信呀韩信，怪我瞎了眼，你可真不是个大丈夫。"说罢，钟离眜拔剑自刎。看着气绝身亡的好友，韩信既悔又愧，默然无语。次日，韩信带着钟离眜的首级去参拜皇帝，刘邦在巡游的御辇上接见了他。参礼完毕，刘邦盯着韩信看了好久没有说话，一挥手，旁边霎时涌出一群武士将韩信绳捆索绑，押上了后车。韩信这才醒悟，在皇权面前，大功不仅不能换来信任，而且带来的是灾祸。

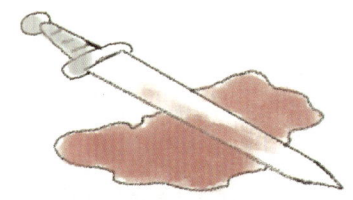

胯下辱・淮阴侯・韩信

青史流光：跨越时空的那些人

鸟尽弓藏

被捆成粽子一般的韩信在车上疯狂大笑,以至于眼泪都流了出来:"哈哈哈哈,果然是'狡兔死,良狗烹;高鸟尽,良弓藏;敌国破,谋臣亡'呀!难怪,天下已定,我确实也该到了末日了呀。"刘邦回过头来,五味杂陈地看着他道:"有人告你谋反!""谋反?我若谋反,当初早就反了,何必等到现在?"韩信自知谋反不过是刘邦要除掉他的借口罢了,他只能怀着对钟离眛深深的愧疚、怀着对蒯通之言深深的懊悔,瞑目而坐,不再言语。车驾没有在其他地方停留,一路到了洛阳。在洛阳,刘邦当众赦免了韩信谋反之罪,将其降为淮阴侯。这意味着本来子虚乌有的韩信谋反一事被坐实,只是因刘邦大度才放过了他。

怨天尤人

被降为淮阴侯的韩信实际被软禁了起来，他自知刘邦非常忌惮他的才能，所以深居简出，常常称病不朝。但每每回想起昔年纵横捭阖（bǎi hé）、挥斥方遒（qiú）的光辉岁月，懊悔、羞恼、气愤等情绪如附骨之疽般让他痛苦难耐。因此，韩信居常鞅鞅，生活中常感不平，但有客人拜访，也总有怨望之情表露，甚至羞于与自己曾经的麾下、刘邦的老部下如灌婴、周勃等人并列。一次，韩信到樊哙家中拜访。樊哙是刘邦的连襟，也是大汉的开国功臣，战功卓著。但对韩信却以臣礼相待，还把他当成楚王一样毕恭毕敬。而临出门时，韩信却仰天大笑："没想到我堂堂丈夫，居然沦落到与樊哙这屠狗之人为伍了。"

胯下辱·淮阴侯

青史流光：跨越时空的那些人

居功自傲

　　韩信的所作所为并非针对这些老臣，而是想通过这种幼稚的手段向皇帝表达自己的不平之意，这却惹得众人对他由同情变为了厌恶。但韩信并不知道收敛，甚至在皇帝面前也常常管不住自己的骄傲。一次入宫，刘邦问他："将军觉得我带兵能力如何，能带多少兵呢？"韩信不假思索地回答道："也就十万左右吧。""那将军你自己能带多少兵呢？"刘邦玩味地看着他。"我？那多多益善呀！"韩信大大咧咧地说道。刘邦微笑着问道："既然如此，那将军为何被我擒拿呢？"韩信汗如雨下，赶紧躬身施礼道："那是因为陛下善于用将啊，而且陛下天命所归，岂是我这种凡人所能比拟的呢？"

撺掇陈豨（xī）

从宫中出来，韩信越发郁郁。正好昔日部将陈豨被刘邦任命为巨鹿守，前来向老领导辞行。韩信心有所感，拉着他来到僻静之处，仰天叹道："足下可以被信任吗？我有些心里话想跟你聊聊。"陈豨恭敬地说道："唯将军马首是瞻。"韩信说道："将军所要去的地方，乃是军事要地，目前来看，倒是无妨，因为将军乃是陛下信任之人。但一旦将军手握重兵，难免会有人在陛下面前进谗言，一次两次倒也无妨，假如次数多了，三人成虎下，你觉得陛下还会一直信任你吗？"陈豨吓得满头冷汗直冒，赶忙问计。韩信道："你做好准备吧，如果哪一天你实在无计可施，就叛汉自立，到时我会从京中举事，支持你的。"

走漏风声

陈豨在韩信的撺掇下，果然对刘邦的一举一动都有了不一样的解读。而刘邦本身就疑心甚重，非常不放心这些统兵将领。君臣互疑下，陈豨竟然真的在数年后举兵反叛。刘邦大怒，亲率大军征讨，而韩信则称病在家，不肯参战。他偷偷写信给陈豨："足下尽管放心起兵，我在京中全力协助。"此时，京中皇帝不在，只有皇后吕雉与太子刘盈执政。太子羸（léi）弱，权柄尽数掌握在吕后手中。韩信和手下人商量决定矫诏释放一些罪犯、官奴，以为前驱，发动政变，拿下吕后太子。可是，这番商议却走漏了风声。吕后闻之，大惊，赶紧找来老谋深算的相国萧何商量对策。萧何捻着胡须，闭目半晌，说出了自己的计划。

败也萧何

　　萧何可以说是韩信的贵人，当初韩信背楚归汉，刘邦不甚重视，是萧何再三举荐，才打动刘邦，使其同意让韩信统领全军，可以说没有萧何就没有韩信后来的辉煌。但萧何也是刘邦的铁杆拥护者，他不能容忍来之不易的大汉政权被人颠覆、陷入内乱。他请吕后发一道假诏，就说前线传来平叛胜利的消息，陈豨已经败亡，朝廷决定提前举办庆功宴会，让韩信等诸大臣一起来祝贺。然后，他顺手给韩信也写了封信，让他哪怕就是真病了也一定要来参加朝会，因为这么隆重的事情，如果不参加恐怕惹人非议。韩信心中狐疑，但想想自己的领路人萧老先生一辈子老成持重，不是陈平那种阴险狡诈之人，应该不会有诈。

青史流光：跨越时空的那些人

九六

身死吕后

韩信毫无防范地进了皇宫。就仿佛当年云梦泽被擒之事的重演,一群武士冲出来,又一次把韩信捆成了粽子。看着施施然而入的吕后,以及跟在旁边的萧何,韩信知道自己又一次落入了陷阱。刘邦对韩信虽然不信任,但对其才华非常欣赏,所以只要韩信没有威胁,刘邦并不愿加害于他。可吕后不一样,小肚鸡肠的吕后野心勃勃,要为丈夫、儿子,乃至为自己彻底清除一切可能的危险隐患。她甚至来不及等刘邦回来,或者担心刘邦回来后再次放过韩信,所以迫不及待命人将韩信斩杀于长乐宫的钟室之内。韩信临刑前,凄然叹道:"悔当初不用蒯通之计,乃至今日死于女人之手,这真是天意啊!"

胯下辱 · 淮阴侯
kuaxiaru huaiyinhou

贵人仇人

民间曾有传说，讲到刘邦曾经给韩信"三不杀"的承诺："见天不杀，见地不杀，见铁不杀。"吕后为了不破坏君王的承诺，命人将韩信装于麻袋，悬于钟室，用削尖的竹枪木剑攒刺致死。故事真伪难以考证，但一代战神死于深宫妇人之手却是不争的事实。在韩信的人生履历中，有三个人对他至关重要，一个是萧何，曾经是他功成名就的贵人，也是他身死人手的关键。真是成也萧何，败也萧何。一个是淮阴水边的漂母，曾救他于苦难之中，留下了千金一饭的美谈。还有一个就是吕后，轻而易举地将刘邦不能做、不忍做的事情做到，斩杀了韩信。后人曾经写了一副对联来总结韩信的一生："生死一知己，存亡两妇人。"

胯下辱·淮阴侯
kuaxiaru Huaiyinhou

青史流光：跨越时空的那些人

蒯通获释

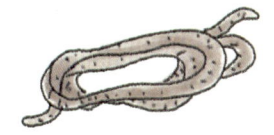

再说刘邦剿灭了陈豨的叛乱,回到长安时,才知道韩信已经被处死。刘邦心中既高兴又惋惜,高兴的是自己一直小心提防却不忍下手除去的韩信终于被自己老婆干掉了,也算去掉了心头之刺。惋惜的是,这么一个绝世名将最终还是死于权力之手,恐怕今后再难有此良将了。他问吕后:"韩信死前有说什么吗?"吕后道:"韩信说恨不用蒯通之言!"刘邦遂下令捉拿蒯通,想要将其处死。身陷囹圄的蒯通侃侃说道:"当初天下大乱,义军群起反秦。我为韩信谋事,不过是各为其主罢了。而且天下当初想除掉陛下的人多如牛毛,难道您都要抓来一一杀掉吗?"刘邦想了半晌,没有再为难蒯通,把他释放了。

爱恨交加

其实,刘邦对韩信是极为欣赏的,也肯放手大用。无论是登坛拜将,还是垓下领军,都给了韩信极高的礼遇。有次与群臣宴饮,谈及自己为何能击败项羽赢得天下时,还当众承认韩信乃是"汉初三杰"之一,认为"连百万之军,战必胜,攻必取,吾不如韩信"。但在皇权至上的大背景下,他对韩信始终难以推心置腹,既想重用,但又总是战战兢兢、如履薄冰,经常对韩信横加猜忌。而韩信在政治上也近乎白痴,自恃功劳大,才能强,数次在危急时刻要挟刘邦,这无形中加重了刘邦对他的恶感。其实,这种近乎小儿举动的行为并不能说明韩信有反意,只不过在君主看来,这种事情是对自己权威的极大冒犯。

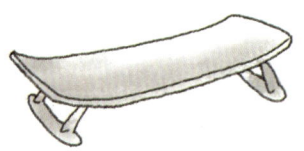

假如韩信能够不伐己功,不矜其能,相信他兴汉的功勋足以跟周朝时候的周公、召公、姜尚等人媲美。

浓墨重彩

韩信对汉朝的建立有着无与伦比的功勋,蒯通曾评价他:"功无二于天下,略不世出。"而他在被软禁期间,曾与张良一起编撰兵书,可惜后来失传。而他的用兵实例却为后世将领提供了宝贵的经验,为历代兵家所称道。但政治上的短视、性格上的游移,使他难以善终。太史公司马迁曾不无惋惜地评价道:"假如韩信能够不伐己功,不矜（jīn）其能,相信他兴汉的功勋足以跟周朝时候的周公、召公、姜尚等人媲（pì）美。只可惜他却在天下已定、国泰民安之时要谋反叛乱,以致身死族灭,诚为可惜。"无论如何,韩信都在中国历史上留下了浓墨重彩的一笔,悠悠时光抹不去一代战神的千古风流。

小小评论家

1. 假如你受到了别人的侮辱,你会委曲求全还是会奋起还击呢?

   _____

2. 如果你是韩信,你会接受蒯通的建议,自己称王吗?

   _____

3. 你怎么看待韩信危急时刻却找刘邦要求封赏假齐王一事呢?

   _____

4. 你觉得韩信被杀是他自己的原因还是吕后、刘邦的原因呢?

_____

5. 如果你身边有很优秀的人,你会像萧何对待韩信一样认可他、欣赏他、推荐他吗?

_____

6. 试着评价一下韩信的性格特征,你喜欢这种性格的人吗?

_____

文史小课堂

1. 升米恩，斗米仇：也可以写作"斗米养恩，石（dàn）米养仇"。指如果别人在危难的时候，你给予他很小的帮助，他会非常感激你。但如果一直给这人帮助，让他形成了依赖，一旦你停止帮助，这人反倒会憎恨你。

2. 安身立命：指生活上有着落。

3. 众目睽睽：大家都睁大眼睛注视着。

4. 首级：古代对斩下的人头的称呼。战国时期，秦国商鞅变法曾规定，按照斩下的敌人人头数来评定战功，一个人头（首）升一级，故称首级。

5. 蹉跎：指任由时间流逝却毫无作为，虚度光阴的意思。

6. 镜花水月：镜中的花，水中的月，看得见，摸不着。比喻虚幻的事物。

7. 却之不恭：当别人给予邀请、馈赠时，如果推辞就显得不恭敬，常与"受之有愧"连用，作为接受邀请或者礼物时的谦辞。

8. 士为知己者死：士人可以为了自己的知己而牺牲性命，语出战国时期豫让的典故。豫让是春秋时期晋国人。三家分晋时，赵襄子击败了政敌智伯，将其头做成了饮器。智

伯手下的门客豫让因为深受智伯重用，遂决意为其报仇，留下名言："士为知己者死，女为悦己者容。"漆身吞炭，付出极大代价，只身刺杀赵襄子，但最终失败，豫让自刎而亡。

9. 秋毫无犯：秋毫，鸟兽秋天新换的绒毛，比喻极其细微的东西。秋毫无犯的意思是连秋毫这样细小的东西都不会侵犯，常用来形容部队军纪严明，不侵害百姓利益。

10. 约法三章：秦末，刘邦率众攻入咸阳，废除秦朝密如蛛网的法律，与咸阳百姓只约定了三条简单的法律：杀人者死，伤人及盗抵罪。后世以此成语来泛指订立简单的条款相互遵守。

11. 箪食壶浆：指百姓们用箪（一种容器）盛着食物，用壶装着汤水，迎接他们喜欢的队伍。常用来表示某支队伍深受百姓爱戴和拥护。

12. 明修栈道，暗度陈仓：语出韩信典故。楚汉相争时，项羽将刘邦分封在巴蜀为汉王，同时分封章邯等三王在三秦之地，以就近监视刘邦。后韩信为帮助刘邦出川与项羽争夺天下，遂假装修整入川时烧毁的栈道，以麻痹章邯等人，实际却派精兵迅速出陈仓旧道，突袭章邯，最终大获成功。后来用此成语来表示将真实意图掩藏，用明显的行为迷惑敌人，从而克敌制胜。

13. 背水一战：语出韩信典故。韩信攻赵时，违背兵法常理，背对着河水列阵，前有大敌，后无退路，本为必死之势，但正因为身处绝境，将士们反倒激起强烈的求生欲，勇猛作战，最终取得胜利。后用此词来表示身处于绝境之中，为求出路而决一死战。该战术与项羽的破釜沉舟有异曲同工之妙，都是通过断绝自己的后路从而激发求生勇气，进而获取胜利。

14. 败军之将，不敢言勇：语出韩信与谋士李左车典故。韩信问计于手下败将、俘虏李左车，李左车说道："臣闻败军之将，不可以言勇，亡国之大夫，不可以图存。今臣败亡之虏，何足以权大事乎？"后常用此句来作为失败者的自谦，或者用"败军之将，何敢言勇"来讽刺别人。

15. 智者千虑，必有一失，愚者千虑，必有一得：再聪明的人，考虑问题多了，也会有失误的时候，再愚蠢的人，考虑问题多了，也会有一次收获。

16. 仰人鼻息：依赖别人的呼吸而活，比喻依赖别人，看别人的脸色行事。

17. 解衣推食：把自己穿的衣服给别人穿，把自己正在吃的食物给别人吃。形容对人十分热情。

18. 刎颈之交：典出西周时杜伯与左儒故事。二人均是周宣王时大臣，彼此为好友。杜伯得罪周宣王，将被杀，左儒拼命劝说宣王未果，杜伯终被杀，左儒也自刎而死。后来司马迁写《史记·廉颇蔺相如列传》时，借用这一典故，创造了"刎颈之交"一词来形容廉颇、蔺相如二人的深厚友情。后世"刎颈之交"遂成为一固定成语，用来形容交情匪浅的朋友关系。

19. 作壁上观：典出项羽故事。项羽灭秦时，在巨鹿与秦军主力决战，当时双方声势浩大，喊杀声震天，只有项羽率领的楚军在奋勇作战，而其他盟军都只在营垒上观战，不敢出阵。后世用此成语表示只是在旁边观望，不肯出手帮助的意思。

20. 仪仗：古代帝王、官员等外出时，随行人员会持有特定的旗、伞、扇、武器等，不同的等级会有不同规格的仪仗，以显示其威势。但不得超越规格使用，否则会被惩罚。

21. 云梦泽：古时对江汉平原上的湖泊群的总称，是著名的文化符号，与洞庭湖、楚国、荆楚地带常常联系在一起。如唐代诗人杜甫曾在《望洞庭湖赠张丞相》中留下千古名句："气蒸云梦泽，波撼岳阳城。"

22. 期期艾艾：此成语用来形容说话的人口吃、结巴。典故来自于两个人，一个是汉代的周昌，另一个是三国时的邓艾。二人皆为口吃之人。汉高祖刘邦想要废长立幼，问群臣意见，周昌坚决反对，激动之下，说话越发不利索，道："臣口不能言，然臣期期知其不可！陛下欲废太子，臣期期不奉诏！"众人皆笑，刘邦也笑而搁置此事。三国时，邓艾因口吃说话总是自称"艾……艾……"，一次司马昭笑着问他说："你老是自称艾艾，到底是几个艾？"邓艾答道："凤兮凤兮，故是一凤。"

人物小传

韩信：汉初三杰之一。少时贫穷，常受人接济，也曾受胯下之辱。秦末乱世时，曾投靠项羽，但不得重用，后投奔刘邦，也不得重用。幸亏刘邦手下萧何慧眼识人，竭力向刘邦举荐，遂被刘邦拜为大将军。在楚汉相争中，夺三秦、破魏赵、灭燕齐，直到垓下之战全歼项羽，从无败绩，被刘邦称"战必胜，攻必取"。后世称其为"兵仙"。但其居功自傲，引起刘邦不满。刘邦先借伪游云梦，擒拿韩信，将其爵位由楚王降为淮阴侯。后吕后与萧何合谋将韩信杀死。

项梁：项燕之子，项羽的叔父。继陈胜吴广大泽乡起义后，带领项羽在会稽起兵反秦，并在薛县拥立楚怀王，复建楚国。战功卓著，后来因骄傲自满被秦朝大将章邯击败身死。

秦始皇：中国历史上第一个皇帝，秦朝的建立者。在位时威势赫赫，功勋卓著，被誉为"千古一帝"，但因统治残暴、不恤民力，导致民怨沸腾，其去世后不久，中华大地烽烟处处，秦朝二世而亡。

项羽：本名项籍，号西楚霸王，秦末反秦起义各路人马中的主力。曾在巨鹿之战中破釜沉舟，创造了以少胜多的经典战役。勇力绝伦，力能扛鼎。但为人残忍好杀、优柔寡断，缺乏政治眼光，在楚汉相争中，逐步丧失优势，被刘邦击败，自刎于乌江。

项燕：战国时期楚国大将，秦灭六国战争中，楚国的最后支柱，不幸被秦国名将王翦击败自杀。

刘邦：汉高祖。本为秦朝泗水亭亭长。秦末陈胜吴广起义后，刘邦在芒砀山斩白蛇起义，一开始投靠项梁复辟的楚国，后羽翼逐渐丰满。率先攻入咸阳，引起

项羽不满。鸿门宴后退出咸阳,被项羽封为汉王,进驻巴蜀地带。乘项羽东归江东时,掀起楚汉战争。相争四年,最终在垓下战役中围杀项羽。楚汉战争结束后,建立了大汉王朝。

夏侯婴:西汉开国功臣。原任沛县厩司御,与刘邦为好友。刘邦举事后,追随刘邦东征西讨,战功卓著。其擅驾兵车,作战勇猛。曾在刘邦败逃,数次想要抛弃自己和吕后的子女,也就是未来的汉惠帝和鲁元公主时,出手相救。纵被刘邦归罪也不放弃。因功被封昭平侯、汝阴侯。曾向萧何举荐韩信,也曾参与平定臧荼、韩王信、陈豨、英布等诸侯王叛乱,长期任太仆之职,经汉高祖、汉惠帝、吕后、汉文帝四个时期。为感激其保护子女,吕后曾赐其靠近皇宫的一等宅地,并命名为"近我"。

萧何:西汉开国功臣,"汉初三杰"之一,本为秦朝沛县主吏掾。刘邦斩蛇起义后,辅佐刘邦夺取沛县。刘邦在前线征战时,萧何坐镇后方,为其督办后勤粮草、兵员。攻入咸阳时,不为富贵迷眼,深谋远虑,全力保存秦朝的各种地图、典籍、法令等国家档案,以免毁于战火。曾保举韩信为将,演绎出"萧何月下追韩信"的经典故事,又在韩信有谋反迹象时,设计除掉韩信,留下"成也萧何,败也萧何"的典故。楚汉争霸期间,坐镇后方,数次在刘邦惨败时,给予及时援助。汉朝建立后,被刘邦钦定为功劳第一,封酂侯,位次第一,为汉朝第一位丞相。

章邯:秦朝的最后一员大将,是秦末扑灭各路起义的主要将领。曾击败陈胜、杀死项梁,消灭多路义军。但在巨鹿之战中被项羽打败,因受胡亥、赵高猜忌,被迫投降项羽。被项羽封为雍王,主政关中西部,为三秦之一,就近监视刘邦。后在刘邦进攻关中时,被击败自杀。

宋义：原为楚国令尹，秦末参加反秦起义，投奔项梁麾下，曾劝项梁不可骄傲，但被排挤。后被楚怀王熊心赏识，成为上将军，号卿子冠军，带领项羽等出兵救赵，中途被项羽杀死。

田荣：战国时期齐国宗室，秦末举行反秦起义，与其兄田儋复辟齐国。田儋为齐王，后田儋被秦将章邯击败身死。齐人另立田假为齐王，田荣不满，赶走田假，另立田儋之子田市为齐王。后因不愿出兵帮助项羽，引起项羽不满，在分封诸王时，不肯封田荣为王。田荣愤怒，不仅杀死了被项羽改封为胶东王的田市，而且自立为齐王。项羽带兵讨伐，田荣被杀死。但其弟田横矢志报仇，继续反抗项羽，从而使项羽深陷齐地战争，间接给了刘邦占领关中、争霸天下的机会。

司马欣：原为秦朝栎阳县狱掾，项羽叔父项梁曾因犯法被抓，司马欣放过了他。秦末辅佐章邯镇压义军，在巨鹿之战中跟随章邯投降项羽，后被项羽分封为塞王，统治关中地区东部，为三秦之一。刘邦进攻关中时，投靠了刘邦，但后来项羽势大，又复投项羽。最终在成皋之战中被打败，自刎而死。刘邦对其反复无常极为痛恨，攻占栎阳后，又将其斩首一次。

董翳：秦朝都尉，秦末辅佐章邯镇压反秦义军，巨鹿之战中劝说章邯投降项羽，后被项羽封为翟王，管理关中北部，为三秦之一。刘邦进攻关中时，投靠了刘邦，但后来项羽势大，又复投项羽。最终在成皋之战中自刎而死。（注：《史记·高祖本纪》和《史记·项羽本纪》中对其结局记载不同。）

田广：楚汉相争期间，诸侯国齐国之王。其父田荣因与西楚霸王项羽不睦，起兵反楚，被项羽所败，身死平原。田广遂被其叔田横立为齐王。汉王刘邦曾派谋士郦食其说服其归汉，本已谈妥，但汉将韩信以不知

命令为由，强行攻齐。田广认为受到郦食其欺骗，遂将其烹杀。之后楚国派大将龙且救援，齐楚合兵对抗韩信，但不敌，龙且身死，田广被俘。

赵王歇：战国时期，赵国贵族。秦末反秦起义及六国复国运动中，赵国复辟后，被张耳、陈馀立为王。巨鹿之战中被秦将章邯所围，得项羽解围。项羽分封诸王时，被封为代王，张耳为常山王，引起陈馀不满，陈馀遂攻击张耳，张耳战败，投靠刘邦。陈馀即立赵歇为赵王，自己任代王。后被汉军韩信攻灭，陈馀、赵王歇被杀。

魏王豹：秦末反秦起义中，曾追随刘邦、项羽破秦，因功复辟魏国。楚汉争雄期间，本来心向汉王刘邦，故在刘邦军中作战。但在彭城之战中，西楚霸王项羽大败刘邦，魏王豹认为楚国必胜，故借口探亲，率精兵脱离汉军。而且，其有一名叫薄姬的姬妾，被人算命，说其子有帝王之相。故魏王豹认为自己作为父亲能够创大业，平天下，遂叛汉联楚。汉王刘邦派韩信攻伐，韩信巧施疑兵之计、木罂渡军，魏王豹一鼓被擒。刘邦怜其勇，命其与御史大夫周苛守荥阳。项羽攻荥阳甚急，周苛为消除隐患，以"反国之臣，难与共守"为由将魏王豹斩杀。而魏王豹姬妾薄姬则被刘邦纳入宫中，后生子刘恒，是为汉朝的第五位皇帝汉文帝。

陈馀：战国至秦末人物。本为张耳好友，曾共同拥立武臣、赵歇为赵王，但在巨鹿之战中，不肯尽力解救赵王歇，为张耳责备，二人绝交。后又不满项羽分封，击走张耳。自己与赵王歇合作。后在韩信、张耳进攻赵地时，被韩信用背水一战的战法打败，斩杀。

张耳：战国至秦末人物，原为魏国信陵君门客。秦始皇灭六国时，听闻其贤，悬赏捉拿，张耳隐姓埋名逃遁。秦末天下大乱，追随陈胜起义，先后拥立武臣、赵歇为王。巨鹿之战被章邯围困,得项羽解救。项羽分封诸将,被封为常山王,引起其好友陈馀不满,被后者击败,遂投靠刘邦,协助韩信攻略赵地,因功被封为赵王,汉初病逝。

李左车:秦末汉初军事家。其祖父是战国时期赵国名将李牧。秦末反秦起义中,李左车辅佐赵王歇对抗秦朝。秦灭后,楚汉相争期间,李左车继续辅佐赵王歇对抗汉王刘邦,被封为广武君。汉王派韩信进攻赵国,李左车曾向赵王歇、代王陈馀献计以败韩信,但不被采纳。韩信背水一战,攻灭赵代,俘获李左车。韩信并未将其斩杀,而是以师礼相待,李左车遂向其贡献兵不血刃降服燕齐之策,韩信采纳,燕国果灭。汉朝建立后,为遏制分化韩信势力,刘邦将李左车调职辅佐汉惠帝刘盈。韩信被吕后杀死后,李左车辞官隐居。其在民间被尊为"雹神"。

郦食其:战国末期出生于魏国,秦末为陈留门吏,桀骜不驯。秦末起义后,不喜其他诸侯,唯独欣赏刘邦的恢宏大度,遂亲身求见,成为刘邦座上宾。后又为刘邦招来其弟郦商及四千余人,被刘邦赐封广野君。楚汉相争期间,在韩信攻略齐地未果下,只身前往齐国,游说齐王田广投降汉王刘邦。田广答应投降,但韩信不满郦食其凭口舌拿下齐地,执意进攻齐国,导致田广认为被郦食其所骗,烹杀之。

蒯通:本名蒯彻,因避汉武帝刘彻讳,后世改名蒯通,著名的辩士。辩才无双,曾为韩信谋士,在韩信进攻齐地过程中,明知郦食其已经劝降齐王,仍旧说服韩信继续进攻,导致郦食其被齐王烹杀。又在韩信被刘邦任命为齐王后,建议韩信与项羽、刘邦三足鼎立,共分天下,而不用听从刘邦号令,但被韩信拒绝。后刘邦在吕后诛杀韩信后,得知蒯通曾劝韩信自立,遂问责蒯通。蒯通以各为其主为由,说动刘邦释放自己。

龙且：秦末西楚霸王项羽手下大将，曾追随项羽与秦军及各诸侯军作战。后在韩信攻击齐国时，被项羽派去救齐。龙且自恃勇力，不听劝谏，结果在潍水之战中被韩信半渡而击，决水淹军，败走后被斩杀。

张良："汉初三杰"之一。刘邦手下最为重要的谋士，刘邦称他"运筹帷幄之中，决胜千里之外"。原是战国时期韩国贵族，秦灭六国后，曾趁秦始皇巡游天下时，在博浪沙予以刺杀，但失败。逃亡后得遇黄石公，被授《太公兵法》、深明韬略，足智多谋，追随刘邦兴汉灭楚。汉朝建立后，被封为留侯，但很快辞官退隐，不知所踪。张良是中国历史上以智慧闻名后世的代表人物之一。

陈平：西汉开国功臣，封曲逆侯。少有大志，曾在项羽帐下任职，后投奔刘邦。在楚汉相争中，曾设计离间项羽和其谋士范增之间的关系，导致范增负气出走，从而削弱了项羽的实力。汉朝建立后，为剪除异姓王威胁，曾建议刘邦伪游云梦，逮捕韩信。刘邦被匈奴围困白登山，献计重金贿赂单于阏氏，刘邦才得以逃脱。吕后专权时，陈平被削夺实权，吕后死后，联合周勃平定诸吕叛乱，汉朝得以安定。

文种：春秋时期越国的谋略家。曾与范蠡辅佐越王勾践反败为胜，攻灭吴国。后范蠡以"高鸟尽，良弓藏，狡兔死，走狗烹"之语劝其激流勇退，但其恋栈权位不去。后勾践派人送宝剑给他，并言："你曾向我献灭吴九策，但我用其中的三策就灭掉了吴国，剩下的六条你去九泉下献给越国的先王吧。"文种只好伏剑自杀。

勾践：春秋时期越国之王。曾被吴王夫差打败，为雪耻隐忍多年，曾亲口尝粪以悦夫差。后回归越国，重用范蠡、文种，卧薪尝胆，十年后反灭吴国。

彭越：秦末汉初名将，西汉开国功臣，与韩信、英布并称汉初三大名将。秦末举行反秦起义，后与刘邦合作，经常在项羽背后发动叛乱，开展游击战争，并参与垓下围困项羽的战斗，协助刘邦赢得楚汉相争的胜利。西汉建立后，封为梁王，后在刘邦剪除异姓王行动中被诛杀。

钟离昧：秦末楚汉之争中西楚霸王项羽手下大将。与韩信为好友，曾向项羽举荐韩信，但不被采纳。后韩信去楚归汉，成为汉王手下大将。项羽兵败后，钟离昧被刘邦追捕，遂逃往时任楚王的韩信处。但韩信此时亦被刘邦猜忌，自身尚不能保全，钟离昧只好自杀而亡。

灌婴：西汉开国功臣。追随刘邦反秦，后参与楚汉相争，跟随韩信攻占齐地，又参与垓下之战。汉朝建立后，参与平定异姓王臧荼、韩王信、陈豨、英布等的叛乱，逮捕楚王韩信，因功封颍阴侯。历经汉高祖、吕后、文帝三个时期，先后任太尉、丞相之职，去世后谥号"懿侯"。

周勃：西汉开国功臣。与刘邦为同乡，追随刘邦起兵反秦，参与楚汉相争、平定异姓王叛乱，因功封绛侯，任太尉。为人厚重少文，刘邦临终曾预言："安刘氏者，必勃也。"后其果然在吕后专权时，联合陈平主导了倒吕行动，维护了刘氏天下。其子周亚夫也是汉朝名将，曾参与平定"七国之乱"，以治军严整、作细柳营而著称。

樊哙：秦末汉初刘邦手下重要将领、开国元勋。早年贫寒，曾以屠狗为业。后拥戴刘邦在秦末举行起义。作战勇猛，功劳卓著，深得刘邦信任。曾在鸿门宴上怒斥项羽，项羽对其甚为欣赏。又以"大行不拘细谨，大礼不辞小让""人为刀俎，我为鱼肉"的理由说服刘邦在鸿门宴中不辞而别，逃离险境。后又随刘邦征伐各路诸侯，建立汉朝。入汉后，又协助刘邦剪除异姓王及其他叛乱，因功封为舞阳侯，曾任大将军、左丞相等职。

陈豨：西汉开国将领，曾因功被封阳夏侯，出任赵国相国，因淮阴侯韩信撺掇加上汉高祖的猜忌，被汉朝叛将韩王信策反，背汉自立为代王。刘邦率大军亲征，将其斩杀。

吕雉：汉高祖刘邦之妻，常称吕后。刘邦早年未发迹时下嫁刘邦。刘邦起义后，一直颠沛流离，甚至在楚汉相争中，被项羽俘获，在楚国呆了很长时间。楚汉鸿沟议和，才得以回归刘邦身边。生性刚毅，诛杀汉朝有功之臣，如韩信。刘邦死后，以残忍手段害死刘邦宠妃戚夫人并杀死其子，自己的亲生子刘盈受惊吓而亡。吕后遂临朝听政，任用吕姓族人掌握朝廷大权，史称吕后专权。去世后，汉朝大臣陈平、周勃等反扑，平定了诸吕叛乱。

刘盈：汉朝第二任皇帝汉惠帝，是刘邦与吕后所生嫡长子，为人仁慈，刘邦建立汉朝后，立为太子。因刘邦喜新厌旧，宠爱戚夫人，而生废长立幼之心，打算废掉刘盈，改立与戚夫人所生如意为太子。但此举遭群臣反对，张良献计于吕后请来"商山四皓"辅佐刘盈，方得巩固太子之位。刘邦死后，吕后欲加害如意。刘盈多方维护，但终不能保全如意性命。吕后又加害戚夫人，将其施以酷刑，做成"人彘"，刘盈惊恐，认为其母此举非人所为，不久年纪轻轻便忧虑而亡。